Natures mortes
à l'huile

Conception et direction éditoriale : Jordi Vigué

Réalisation de peintures : Esther Olivé de Puig

Textes : Esther Olivé de Puig

Photographie : Studio Nos & Soto

Conception graphique et mise en pages : Josep Guasch

Éditon originale :

Bodegones al óleo

© 1995 Parramón Ediciones, S.A., Barcelona, Spain

Édition française :

Traduction : Dominique Jarry-Voillereau

© Bordas, S.A., Paris 1996

I.S.B.N. 2-04-027-161-9

I.S.S.N. 1264-0581

Dépôt légal : février 1996

Imprimé en Espagne

Natures mortes
à l'huile

BORDAS

SOMMAIRE

Ce livre est consacré à un sujet en apparence très simple : la nature morte. Tout le monde a chez soi mille objets pouvant servir à composer une nature morte qui se prêtent à un travail intéressant. Mais cette facilité n'est qu'apparente. En effet, pour construire une nature morte réussie, il est nécessaire de choisir avec soin les objets et de les disposer judicieusement, de prévoir la gamme de couleurs à utiliser, de penser à l'éclairage, aux effets d'ombre et de lumière, à l'équilibre des valeurs, à l'harmonie des couleurs à travers les multiples tonalités qui se présentent, à la répartition des masses et des volumes, à la constitution du fond et à la place adéquate de chaque objet. Il faut aussi que ce travail soit suggestif et expressif, qu'il traduise une atmosphère et possède un rythme propre.

Tout ceci montre aussi la richesse de ce thème, les immenses possibilités de développement et d'expérimentation qu'il offre à tous ceux que la peinture passionne.

Mis à part l'enseignement contenu dans ce livre et les horizons nouveaux qu'il ouvre, nous vous proposons des exercices portant chacun sur un point précis, que vous pourrez aisément assimiler et qui enrichiront votre expérience naissante dans ce domaine. Nous vous invitons à composer des natures mortes en étudiant les différents problèmes que nous venons de soulever.

Ne vous hâtez pas ; mieux vaut progresser lentement et avec assurance que de connaître des échecs dus à la précipitation. Notre objectif final vise au développement et à l'enrichissement de vos aptitudes artistiques grâce à des expériences qui seront à la base de vos succès futurs. Pour cela, il vous suffit d'un peu d'attention et de volonté.

À vous de jouer ! Vous constaterez qu'en peu de temps vous obtiendrez des résultats qui, aujourd'hui, vous paraissent inaccessibles.

Jordi Vigué

LA PEINTURE À L'HUILE

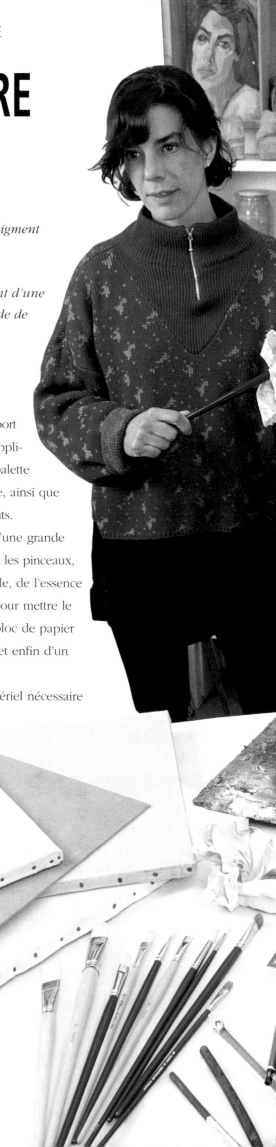

*L*a peinture à l'huile se compose essentiellement d'un mélange de pigment
et d'huile de lin donnant une matière pâteuse, peu liquide,
grasse et lente à sécher.
*Les caractéristiques et la texture propres à la peinture à l'huile conditionnent d'une
manière décisive aussi bien le support que les outils, de même que la méthode de
travail à appliquer.*

LE MATÉRIEL DONT VOUS AVEZ BESOIN

Pour se consacrer à la peinture à l'huile, il est nécessaire de posséder le matériel
suivant: un chevalet pour soutenir le support sur lequel on va travailler, un support
qui peut être en toile, en carton, en bois, etc., et les instruments permettant d'appliquer la couleur sur le support, en l'occurrence des pinceaux. S'y ajoutent une palette
en bois ou en plastique pour y déposer les couleurs et procéder à leur mélange, ainsi que
des couleurs à l'huile dont la qualité et la présentation varient selon les fabricants.

Le matériel auxiliaire, bien qu'il ne soit pas indispensable, vous sera souvent d'une grande
utilité. Il se compose de chiffons ou de papier journal pour nettoyer la palette et les pinceaux,
d'un couteau à palette pour nettoyer celle-ci ou retirer de la peinture sur la toile, de l'essence
de térébenthine ou d'un solvant pour diluer les couleurs, d'un petit récipient pour mettre le
solvant, de fusains plus ou moins fins pour dessiner le sujet sur là toile, d'un bloc de papier
à dessin et d'un crayon à mine tendre (4B) pour esquisser votre composition, et enfin d'un
morceau de savon pour nettoyer les pinceaux une fois le travail terminé.

Avant de commencer à peindre, il est indispensable de se procurer tout le matériel nécessaire
et de le disposer de telle sorte que le travail en soit facilité.

Il transforme l'espace où nous nous trouvons en atelier

et nous-même en peintre,

débutant peut-être,

mais prometteur.

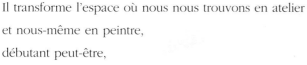

LE CHEVALET

Il en existe de différentes sortes. Le typique chevalet à trois pieds, dit «chevalet de cours» (à gauche) est léger et facile à déplacer. Il convient à la plupart des techniques et des thèmes et s'adapte à tous les formats. C'est celui qui est utilisé le plus souvent et nous vous le conseillons pour travailler à la maison. Comme vous le voyez ci-dessous, nous avons enfoncé quelques clous dans la tablette afin de pouvoir glisser la palette sous la toile.

Vous trouverez aussi des chevalets de campagne en bois ou en métal, dotés de pieds télescopiques, mais leur stabilité est moindre.

La boîte-chevalet, très pratique et aisément transportable, est l'instrument idéal pour travailler à l'extérieur (page suivante). La boîte contient les tubes de peinture, les pinceaux, le solvant, les chiffons, etc., tandis que les pieds dépliés, très écartés, en font un chevalet de campagne très stable. Elle se transforme en chevalet de table lorsque les pieds sont repliés.

LE SUPPORT

Bien qu'on trouve dans le commerce des toiles tendues sur châssis prêtes à l'emploi, vous pouvez essayer de préparer votre toile vous-même. L'huile permet de travailler sur différents supports, mais ceux-ci doivent être recouverts d'un apprêt à base de colle de peau, dite «Totin», à laquelle s'ajoutent diverses substances (de la craie, par exemple). Cet encollage permet à la peinture d'adhérer parfaitement sans être absorbée par le support.

Pour le préparer, trempez la plaque de colle dans une quantité d'eau égale à 10 fois son poids (par exemple, 100 g de colle dans 1 l d'eau), laissez gonfler pendant 12 heures, puis ajoutez 7 fois le volume d'eau. Faites chauffer le tout au bain-marie à 70 °C, sans faire bouillir.

LES SUPPORTS POUR PEINDRE À L'HUILE

Lin apprêté et monté sur châssis (A).
Toile de coton apprêtée (B).
Toile de lin et coton apprêtée (C).
Châssis à clefs (D).
Toile de jute apprêtée (E).
Lin encollé sans craie (F).
Toile de jute apprêtée par nos soins (G).
Coton apprêté (H).
Toile fixée sur bois par des punaises (J).
Contreplaqué encollé (K).
Aggloméré encollé (L).
Aggloméré encollé + craie (M).
Carton bois (N).
Papier encollé sur bois (O).
Carton entoilé et peint que l'on va réutiliser (P).

Lorsque la température sera redescendue à 35 °C, l'encollage peut être appliqué avec une brosse sur la toile préalablement tendue. Si vous y ajoutez de la craie, l'enduit jusqu'ici transparent, devient blanc et épais. La toile de lin, de coton ou de jute est le support le plus utilisé. Elle doit être montée sur un châssis et tendue (photo ci-contre), à moins d'employer une toile préparée que l'on fixe provisoirement avec des punaises sur une tablette en bois. La texture de la toile est variable : le grain fin est conseillé pour peindre des détails ; le gros grain convient aux effets de matière, aux travaux à base de taches de couleur. Le bois est aussi un support très utilisé. Il est plus rigide et consistant que la toile, mais sa porosité exige une préparation plus minutieuse et plusieurs couches d'apprêt. Le carton et le papier épais sont des supports plus économiques. Peu consistants, ils sont réservés à la réalisation d'esquisses ou d'ébauches préalables. En fait, la toile de lin est le support le plus agréable pour travailler à l'huile, mais c'est aussi le plus cher. Pour vos débuts, nous ne vous conseillons pas de l'employer ; réservez-la aux travaux que vous réaliserez lorsque vous serez beaucoup plus expérimenté. On peut peindre aussi sur des toiles ayant déjà servi, dans la mesure où l'on ne souhaite pas conserver le travail précédent (voir p. 60). La toile est alors le recouverte d'une couche uniforme afin d'obtenir un fond qui ne soit pas un obstacle. Si la couche précédente est très épaisse, notre travail peut s'en trouver gêné, mais cela peut aussi l'avantager ; tout dépend de ce que l'on recherche.

LE CHEVALET DE TABLE

Comme son nom l'indique, ce type de chevalet se pose sur une table et oblige à travailler assis. Bien qu'il soit très pratique, nous ne vous conseillons pas de l'utiliser car le fait d'être assis enlève à l'artiste de sa mobilité et de sa dynamique.

LES BROSSES À TABLEAU

On en trouve de qualités, de formes et de dimensions variées. La numérotation est fonction de la taille de la brosse. Les plus fines (de 0 à 6, selon la marque) conviennent pour les détails (les contours, les traits d'un visage, etc.), tandis que les grosses brosses (de 18 à 22) permettent de travailler les fonds et les grandes masses colorées.

Le type de poil à utiliser – fibres synthétiques, poils de martre ou d'oreille de bœuf, soies de porc, etc. – dépendra de la texture du support. Ainsi, une toile à grain fin exige des brosses à poils fins (oreille de bœuf ou martre), alors qu'un grain épais permet d'employer un pinceau plus dur (soies de porc ou fibres synthétiques). Quoi qu'il en soit, l'huile étant un médium pâteux et peu liquide, il est préférable de se servir de brosses résistantes, à poils plutôt durs, sauf pour les glacis qui nécessitent des pinceaux à poils doux.

Quant à la forme, on trouve des brosses rondes, plates, bombées, en éventail, etc. Les brosses rondes et les pinceaux dits langue-de-chat, plus effilés, sont utilisés pour les traits et les détails, tandis que les brosses plates servent à couvrir les surfaces, à déposer des taches de couleur, tout en sachant qu'on peut les employer à plat ou sur le côté.

Lorsqu'on commence à travailler la peinture à l'huile, il est conseillé de posséder un assortiment varié de brosses en soies de porc.

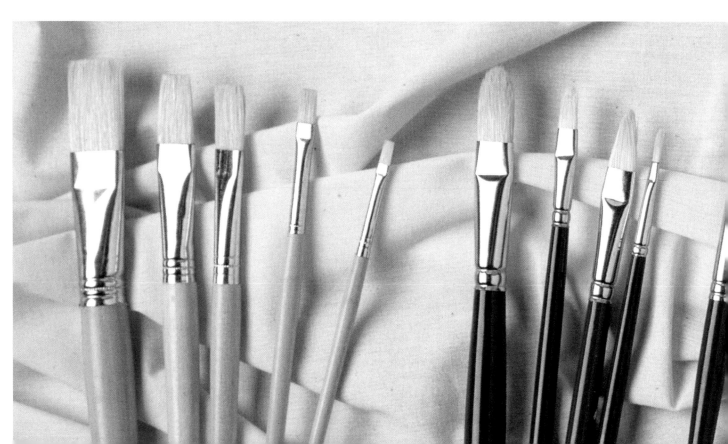

LA PALETTE

Elle est indispensable pour peindre à l'huile. C'est sur la palette que l'on effectue une grande part du travail, en mélangeant les couleurs afin d'obtenir à chaque instant la nuance et la tonalité voulues.

La palette ronde convient très bien à tous ceux qui ont l'habitude de la tenir en main ; rectangulaire, elle correspond généralement au format de la boîte ; en plastique blanc, elle est très facile à nettoyer.

La palette en bois, que nous vous recommandons, doit être vernie pour éviter toute porosité.

Les couleurs sont le plus souvent réparties sur le pourtour de la palette selon l'ordre dicté par la gamme chromatique, mais vous pouvez les disposer à votre goût et de la manière qui vous semble la plus aisée pour travailler. Cependant, il est préférable que vous conserviez toujours le même ordre. Quant à la partie centrale, elle est réservée aux mélanges.

Une fois en place, les couleurs vont rester sur la palette tant qu'elles ne sont pas devenues sèches et inutilisables. Lorsque le travail est terminé ou que la place manque pour effectuer les mélanges, on se contente de nettoyer la partie centrale avec un chiffon ou du papier journal.

LE MÉLANGE DES COULEURS

*L*es couleurs à l'huile sont conditionnées soit dans des tubes en plomb que l'on range facilement dans une boîte, soit dans des pots, pour les artistes travaillant sur de grands formats. Il en existe de nombreuses marques, certaines plus économiques que d'autres, plus ou moins agréables à travailler, plus ou moins liquides, huileuses, brillantes, résistantes à la lumière, etc. Aucun artiste ne fabrique ses propres couleurs comme l'ont fait les maîtres du passé.

QUELQUES CONSEILS SUR LA COULEUR

Pour commencer, nous recommandons aux débutants de ne disposer sur la palette que les couleurs primaires : le jaune, le rouge et le bleu. Elles vous permettront d'obtenir les couleurs secondaires et tertiaires, ainsi qu'une vaste gamme de nuances et de tonalités.

Je me rappelle très bien mes premières années d'apprentissage avec ces trois couleurs seulement. Après une longue période de travail, je parvenais, sans y penser, à obtenir n'importe quelle nuance.

Observez la vaste gamme de couleurs en bas de ces deux pages : 1, blanc ; 2, jaune de cadmium citron ; 3, jaune de cadmium moyen ; 4, jaune de cadmium orangé ; 5, rouge de cadmium clair ; 6, rouge de cadmium moyen ; 7, rouge de cadmium foncé ; 8, laque de garance rose ; 9, carmin de garance solide clair ; 10, carmin violacé ; 11, bleu outremer clair ; 12, bleu outremer foncé ; 13, bleu de cobalt ; 14, bleu de Sèvres ; 15, vert clair ; 16, vert foncé ; 17, noir d'ivoire ; 18, terre d'ombre brûlée ; 19, terre rose transparente ; 20, ocre jaune.

Cette large gamme n'est pas indispensable, mais à mesure que l'on apprend à maîtriser la palette, on peut ajouter l'une ou l'autre de ces couleurs, voire la totalité, afin d'obtenir une infinité de nuances. Ainsi, mélanger à du vert foncé du jaune de cadmium citron ou du jaune de cadmium orangé nous donnera deux verts distincts.

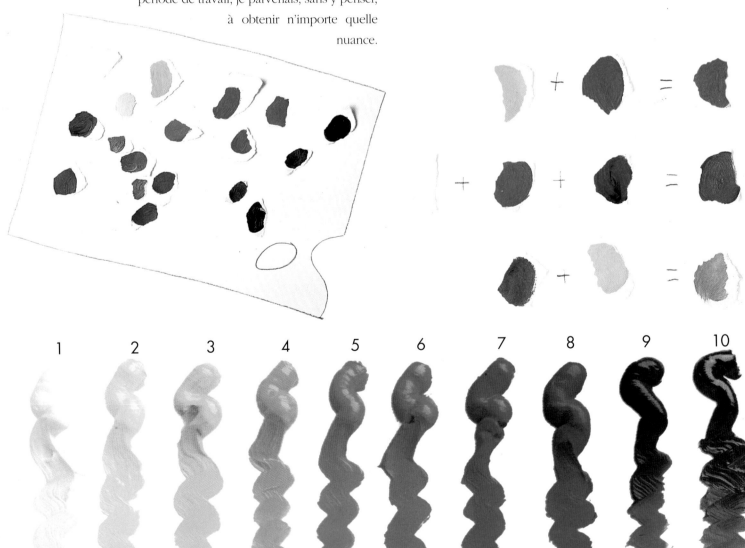

1 2 3 4 5 6 7 8 9 10

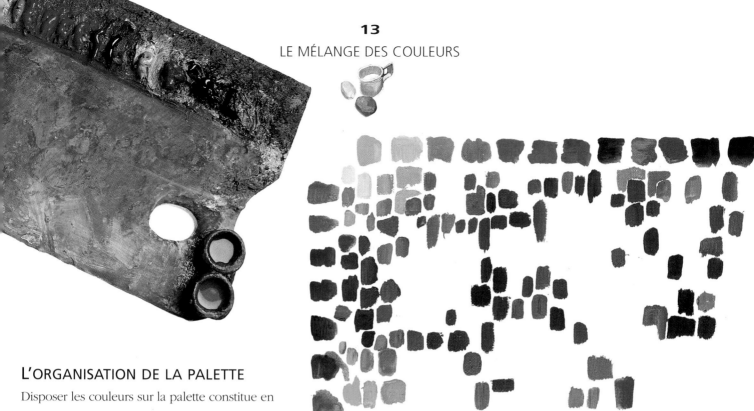

L'ORGANISATION DE LA PALETTE

Disposer les couleurs sur la palette constitue en quelque sorte un échauffement, un rituel quotidien. Nous distribuons notre gamme sur la palette en commençant par mettre du blanc dans l'angle supérieur gauche où il sera facile à prendre car nous en aurons besoin, à un moment ou à un autre, pour chaque couleur. Puis nous disposons à la suite, le long du bord supérieur, le jaune citron et le jaune moyen, l'orangé, le rouge clair, le rouge moyen et le rouge foncé, la laque de garance rose, le carmin de garance clair, le carmin violacé, l'ocre, le terre rose, le terre d'ombre brûlée, et enfin le noir. Après avoir ainsi réparti les couleurs chaudes, nous mettons les froides sur le côté gauche de la palette, du haut vers le bas : le bleu de Sèvres, les bleu outremer clair et foncé, le bleu de cobalt, les verts foncé et clair. Cette gamme va nous permettre d'expérimenter à l'infini. Sur la palette (à droite) surgissent peu à peu de nouvelles nuances.

Le blanc est nécessaire pour éclaircir les couleurs, mais il faut savoir que celles-ci perdent alors en luminosité.

Quant au noir, il faut l'utiliser avec précaution car il peut ternir les couleurs. On ne l'utilise pas pour obtenir des gris mais pour foncer les tonalités. Il est beaucoup plus intéressant de rechercher des gris à partir des couleurs elles-mêmes ; en mélangeant, par exemple, du terre rose transparent et du bleu, du vert et du rouge (couleurs complémentaires), ou encore du bleu avec de l'orangé. En expérimentant, vous constaterez que l'on obtient ainsi, sans le noir, une grande variété de gris plus ou moins colorés.

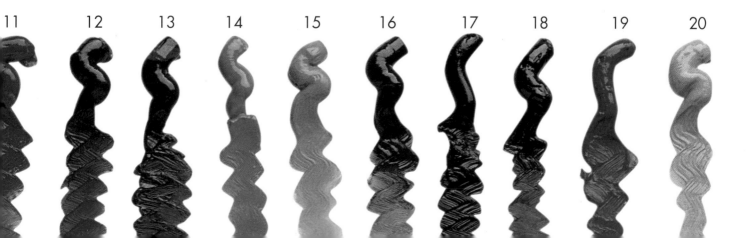

| 11 | 12 | 13 | 14 | 15 | 16 | 17 | 18 | 19 | 20 |

LE THÈME DE LA NATURE MORTE

*P*our apprendre à peindre à l'huile, il suffit d'appliquer une méthode de travail régulière et progressive. Tout ce qui nous entoure nous sera d'une grande utilité car nous avons seulement besoin de points de référence permettant d'exercer notre œil aux contrastes des couleurs, aux variations de tonalité, aux formes, aux rythmes et à la composition. À partir de ces éléments, nous apprendrons à développer notre habileté, notre imagination et notre créativité.

LE SUJET

La nature morte est le thème idéal pour s'exercer à peindre à l'huile. N'importe quel objet se trouvant à notre portée suffit à en construire une.

Une nature morte s'élabore avec deux ou trois objets auxquels nous trouvons un certain attrait, que nous disposons selon notre goût, en recherchant équilibre et harmonie.

Pour peindre une nature morte, il faut toutefois tenir compte d'un certain nombre d'aspects fondamentaux comme la couleur, l'éclairage, la composition et le format.

LA COULEUR

Pour constater l'importance que prend la couleur, il suffit d'observer les exercices réalisés dans ce livre et que nous avons regroupés sur cette page.

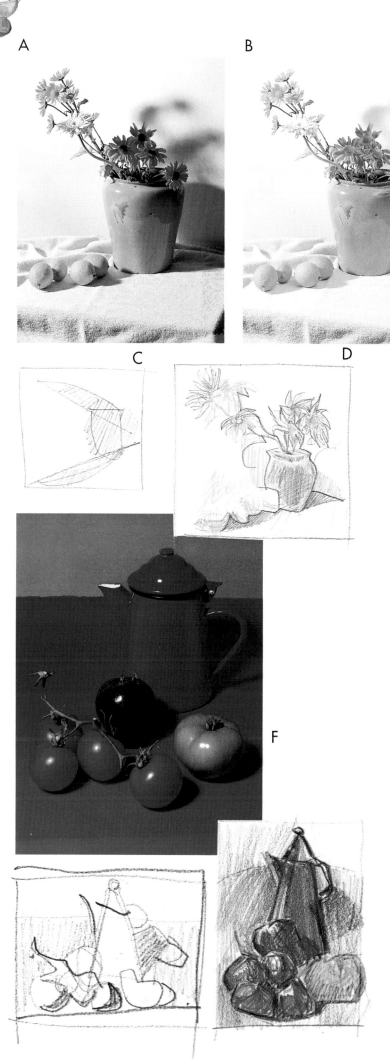

Ces exercices vont nous permettre d'étudier les mélanges de couleurs sur la palette, en commençant par chercher toutes les nuances que l'on peut obtenir à partir des couleurs primaires et de leurs complémentaires.

L'ÉCLAIRAGE

Les effets d'ombre et de lumière tiennent une place très importante dans la composition et l'harmonie d'une nature morte. Observez les deux figures A et B; elles sont identiques et l'éclairage provient de la gauche par rapport à nous. Pourtant, les ombres sont plus contrastées sur la première que sur la seconde. Quoi qu'il en soit, pour chacune d'elles, ces ombres renforcent la composition en complétant les espaces.

LA COMPOSITION

Les diagonales que l'on voit sur la figure C ont permis d'équilibrer la composition de cette nature morte (D). Le rythme et le mouvement donnés aux fleurs et aux fruits, auxquels s'ajoutent les ombres projetées, contribuent à la construction définitive de ce tableau.

LE FORMAT

Il faut aussi tenir compte du format. Son choix dépend en grande partie de la répartition des objets composant la nature morte et du point de vue d'où nous voulons la peindre. Pour la nature morte vue de face, un format en largeur conviendra mieux (E); si elle est vue d'en haut, nous utiliserons un format vertical (F). N'oubliez pas que l'introduction d'une ligne d'horizon est un élément important de la composition.

RÉPARTIR LES OBJETS

Observez la nature morte principalement composée de bleu à gauche. On peut obtenir une grande richesse chromatique à l'intérieur même de cette couleur, qui contraste par ailleurs avec le blanc de l'assiette et se trouve rehaussée par la couleur des oranges, complémentaire du bleu. L'ensemble des tons clairs et foncés superposés forme un angle dont le sommet se trouve en haut à droite et dont les côtés fuient vers la gauche et vers le bas du tableau. Cet exemple vous enseigne que la répartition des objets contribue à équilibrer la composition.

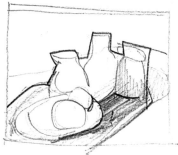

ASSOCIER LES FORMES

La figure de droite montre comment conjuguer couleur, composition et rythme. Les couleurs primaires et leurs complémentaires participent à l'équilibre de la composition. Vu d'en haut, le contour des objets décrit une étoile qui ne peut vraiment bien s'intégrer que dans un format carré. Les formes se complètent entre elles, tandis que la couleur et la répartition des objets constituant le fond participent à l'harmonie de l'ensemble.

FRONTALITÉ ET HORIZONTALITÉ

Ce type de composition ne manque pas d'intérêt (à gauche). N'oublions pas l'effet obtenu en associant les objets au fond, ou bien, comme ici, en faisant abstraction de ce dernier au profit des objets dont les contours sont alors mis en évidence, bien que les formes soient coupées à la base. Si l'on considère l'harmonie des tonalités, on peut cependant mettre en valeur la toile beige servant de fond afin de corriger l'uniformité chromatique des divers éléments et de parvenir à un équilibre parfait.

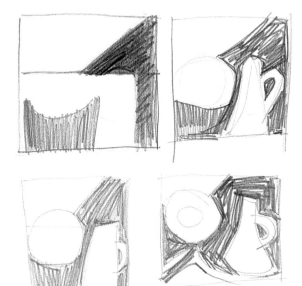

L'ÉQUILIBRE DES MASSES

On peut obtenir des masses remarquablement équilibrées en cherchant une composition très simple excluant tout détail superflu et en jouant uniquement avec le blanc et le noir, comme sur les figures ci-dessus.

LA SYNTHÈSE DES VALEURS

La composition que vous voyez à droite est un condensé de tout ce qui a été développé auparavant. Elle constitue un excellent exemple d'association de différentes couleurs afin d'obtenir un ensemble rythmé.

Comme dans une mélodie musicale, les rythmes sont les gestes de la main décrivant le mouvement et l'enchaînement des formes. Ils définissent l'harmonie du groupe d'éléments que nous avons constitué. Ces rythmes s'obtiennent en assemblant les différentes lignes qui décrivent les objets.

Vous devez tenir compte de tous ces éléments, si vous souhaitez tirer le meilleur parti d'un thème apparemment aussi simple que celui de la nature morte. Chacun d'eux va influencer d'une manière décisive le résultat de votre travail.

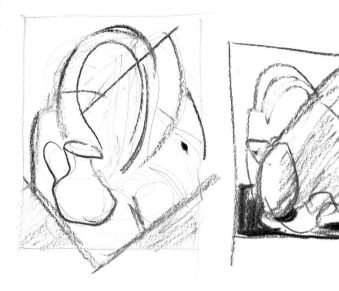

UNE NATURE MORTE JAUNE

C *et exercice va nous conduire à la réalisation d'une nature morte à base de jaune. Nous verrons ainsi que l'on peut obtenir une aussi grande diversité de nuances et de tonalités avec cette couleur qu'avec toute autre. Nous avons réuni une gamme de jaunes en associant un vase, des citrons, des fleurs, une nappe et un bristol pour le fond. Afin d'établir un contraste, nous avons ajouté quelques fleurs violacées, complémentaires du jaune, de même que quelques nuances carminées. Ainsi construite, cette composition va nous permettre d'entreprendre un travail très instructif.*

MATÉRIEL

- Un bloc pour croquis.
- Un crayon 4B.
- Une toile blanche apprêtée et montée sur un châssis carré (55 x 55 cm).
- Un assortiment de brosses, des plus fines au n° 18.
- Des couleurs à l'huile : jaune, rouge, bleu et blanc.
- Une palette et des godets.
- Un couteau à peindre.
- Du solvant (essence de térébenthine, pétrole, aspic).

La présence des fleurs est renforcée par un jaune vif, riche en nuances, qui se détache sur les tonalités plus neutres et moins lumineuses du fond.

Les roses et les mauves rehaussent l'harmonie de couleurs chaudes prédominant ici, tandis que les violets, plus froids, contrastent avec les jaunes dont ils sont complémentaires.

Les citrons forment avec le vase, les fleurs et les feuilles un ensemble qui se détache sur le fond plus clair. Les vert-jaune des feuilles et des tiges, nuancés de bleu par endroits, renforcent les tonalités chaudes.

A

B

1 Sur le bloc pour croquis, nous commençons par étudier la composition, la répartition des espaces, les nuances dominantes, les effets d'ombre et de lumière, l'emplacement des couleurs primaires et de leurs complémentaires.

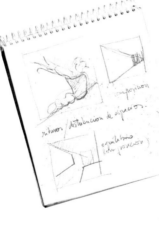

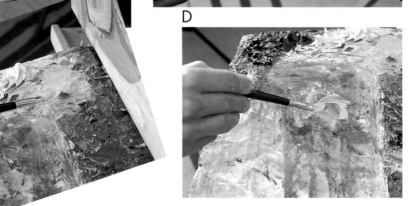

C

D

2 Après avoir disposé le jaune, le rouge, le bleu et le blanc sur la palette, une part de jaune diluée et additionnée d'une pointe de rouge nous donnera des nuances chaudes, tandis qu'une autre part, mélangée à un peu de bleu, créera des nuances froides. Le solvant permet de diluer plus ou moins la peinture.

Pour ces ombres presque transparentes, nous avons utilisé un
bleu-vert, complémentaire de la
couleur de la nappe jaune et du
citron.

L'orangé sur le vase s'associe
aux jaunes des fleurs (nuances
chaudes), tandis que les violets
s'accordent avec les citrons
(nuances froides). L'équilibre
chromatique dicté par les deux
diagonales est ainsi préservé.

3 Une première couche de jaune très dilué est passée sur
la toile de format carré afin d'obtenir un fond qui donnera la tonalité de base de notre composition.

4 La toile est finalement recouverte de différentes nuances de jaune. Le fond blanc facilite l'obtention de tonalités variées, car il suffit de superposer les couches pour intensifier la couleur.

5 On commence à dessiner au pinceau fin avec des mauves et des violets, complémentaires des jaunes. Le but est d'obtenir un premier contraste qui va servir de point de départ. Les couleurs sont largement additionnées de solvant afin de sécher rapidement.

6 Les feuilles et les pétales des fleurs sont dessinés en recherchant le mouvement et le rythme suggérés par le modèle.

7 Voyez comment les lignes mauves, violettes ou bleutées, entamées à l'étape 5, ont suffi à construire cette nature morte qui se détache sur le fond jaune.

UNE NATURE MORTE JAUNE

8 Les limites des formes se précisent grâce à un violet (complémentaire du jaune) obtenu en mélangeant sur la palette du bleu de cobalt, du rouge de cadmium et du blanc, ce qui permet de définir dès le début d'intéressants contrastes entre complémentaires.

9 À cette étape, nous commençons à peindre les zones foncées en recouvrant l'ombre derrière le vase avec du violet.

11 Nous rehaussons à présent les nuances les plus foncées de notre nature morte. Ces taches suggèrent les fleurs violettes et mauves se trouvant en pleine lumière.

10 Les nuances qui ne seront plus utilisées sont retirées avec le couteau afin de laisser la place aux mélanges ultérieurs.

L'UTILISATION DES BROSSES

Il vaut mieux employer une brosse pour chaque couleur, vous éviterez ainsi que celles-ci se « salissent » entre elles. Les brosses plates, à bout carré, servent à appliquer des couleurs épaisses, directement pressées du tube, et à couvrir rapidement de grandes surfaces. Les brosses rondes, plus fines et pointues, sont utilisées pour peindre les détails et les traits.

12 Après avoir situé toutes les zones d'ombres, nous avons souligné les parties les plus lumineuses en commençant par les fleurs jaunes. Comme vous le voyez, ce tableau débute par une étude du clair-obscur.

13 Les pétales rosés sont obtenus en mélangeant la laque de garance rose au jaune de cadmium dégradé avec du blanc. Cette nuance établit un lien entre les jaunes, d'une part, et les violets de l'autre.

14 La diagonale supérieure du tableau est construite à partir de taches allant du jaune au violet, en passant par le rose. Le vase étant peint, il ne reste plus que la diagonale inférieure.

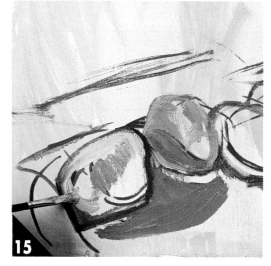

15 Il faut distinguer les jaunes un peu verts (additionnés d'une pointe de bleu) des jaunes orangés (avec une pointe de rouge) afin de suggérer les ombres sur les citrons.

16 Ce sont toutes ces petites nuances de jaune qui, appliquées par touches assez larges, vont donner du volume aux fruits et les détacher du fond.

17 La toile doit être travaillée dans son ensemble, avec une vision globale de tous les éléments, c'est pourquoi nous passons très vite d'un endroit à un autre. Ici, nous avons nuancé le fond en dégradant avec du blanc les mélanges sur la palette.

18 Pour adoucir les ombres et les rendre un peu transparentes, nous passons un gris-jaune obtenu en mélangeant du bleu, du jaune et du blanc.

20 Nous retirons un peu de peinture avec le couteau pour que le fond n'acquière pas plus d'importance que les fleurs.

21 Nous procédons de même pour la nappe. Il ne convient pas que celle-ci joue un rôle aussi important que les fruits.

19 Les ombres les plus intenses renforcent la composition et accentuent la profondeur en détachant les formes du fond.

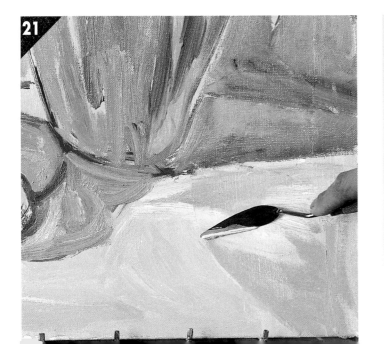

COMMENT RECTIFIER

La peinture à l'huile reste fraîche assez longtemps. Ainsi, lorsqu'elle s'est accumulée à un endroit, il est possible d'en retirer une partie avec un couteau à peindre. En estompant un empâtement brossé avec vigueur, on peut obtenir un effet de douceur. Si l'on veut changer une couleur, on enlève alors la quasi-totalité de la couche picturale avant de reprendre le pinceau.

22 Les ombres sont devenues un peu plus claires et transparentes. Il a suffi de passer un vert plus lumineux, complémentaire des rouges orangés et des carmins.

23 Quelques coups de pinceau permettent de nuancer et d'enrichir la gamme de gris bleutés qui contraste avec l'orangé, le vert et le jaune du vase.

24 Ces fleurs ont été peintes en associant des tonalités chaudes et froides qui se renforcent et s'équilibrent mutuellement. Quelques touches de bleu foncé à l'intérieur du vase contrastent avec l'orangé recou-

25 Cet exercice a impliqué une étude de couleurs effectuée sur la palette à partir de différents jaunes auxquels sont venus s'ajouter des rouges et des bleus. Il en résulte une gamme où nuances et valeurs alternent pour

Olivé de Puig.

UNE NATURE MORTE ROUGE

Nous allons maintenant réaliser une composition avec plusieurs éléments de couleur rouge, y compris les fonds. Nous prenons une cafetière, une pomme, quelques tomates et nous les disposons sur un support rouge foncé. Chaque objet de cette nature morte offre toutefois une ou plusieurs nuances particulières. Nous ajoutons à cet ensemble une tomate encore verte dont la couleur, complémentaire des rouges, va enrichir la composition.

MATÉRIEL

- Un bloc pour croquis.
- Un crayon 4B.
- Une toile à gros grain, de 55 x 46 cm (10 Figure), apprêtée avec un mélange de colle de peau et de craie.
- Un fusain.
- Un chiffon pour effacer le fusain.
- Des couleurs à l'huile : jaune, orangé, rouge, rose, carmin, ocre, bleu outremer clair et foncé, bleu de cobalt, vert clair et foncé.
- Du solvant.
- Des brosses nᵒˢ 6, 8 et 18.

Une fois étudiés, travaillés et définis, les objets et les fonds se distinguent par de notables différences de nuances et de valeurs.

Les carmins et les violets appartiennent à la gamme de tons rouges et chauds qui se distingue des autres couleurs du tableau.

Le vert entourant les tomates suscite un contraste de complémentaires qui fait vibrer les rouges.

1 La première étape consiste à exécuter quelques croquis sur le bloc de papier à dessin afin d'étudier la composition et de chercher le format le plus approprié en fonction de celle-ci.

2 La toile est d'abord disposée en largeur pour une première construction au fusain. Les courbes sont accentuées afin de voir si les diverses formes s'harmonisent entre elles.

3 Cette construction manque de dynamique. Nous l'effaçons avec un chiffon sec et propre pour que la toile soit à nouveau dis-

UNE NATURE MORTE ROUGE

4 La toile disposée verticalement permet de transformer la composition en une pyramide dont le sommet se situe au niveau du couvercle de la cafetière.

Les ombres sont plus intenses mais moins lumineuses que la partie la plus foncée de la cafetière, ce qui enrichit encore la gamme chromatique.

Placé à cet endroit, le vert équilibre les rouges de l'angle opposé et suscite un contraste qui rompt la monotonie de tous les rouges, surtout ceux de la cafetière et des tomates.

5 Un mélange de vert foncé, de bleu de cobalt, de blanc et d'un peu de jaune permet d'obtenir un vert vibrant qui va s'accorder avec les rouges. Nous l'utilisons pour reprendre les traits de fusain.

6 Le vert dilué avec un solvant sèche rapidement ce qui permet d'effacer les traits de fusain avec le chiffon.

7 Contrairement à l'exercice précédent, nous laissons le fond pour le moment et nous recouvrons les ombres avec des rouges foncés et des bleus.

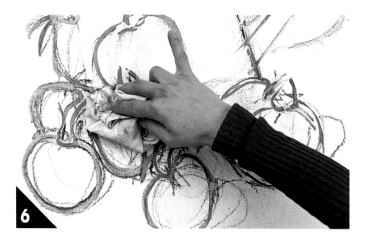

8 Le travail se poursuit en recherchant des rouges de cadmium clairs et moyens, des carmins et des violets.

9 Le vert de la tomate de droite contraste avec les rouges tout en s'harmonisant avec l'autre nuance de vert délimitant les contours.

10 Le fond est recouvert à partir du haut, en respectant la ligne verte qui délimite l'« horizon ». La zone servant de support à la nature morte est ensuite peinte dans un rouge différent.

11 À cette étape, le tableau est déjà riche en nuances et en tonalités, surtout, bien sûr, dans la gamme rouge.

12 Nous passons d'une forme à l'autre pour approfondir le clair-obscur et rendre le volume par la couleur.

LA TOILE À GROS GRAIN

Pour peindre sur une telle toile, il est préférable d'utiliser des brosses à poils durs, c'est-à-dire en soies de porc. Elles permettront à la peinture de mieux adhérer et couvriront les irrégularités de la surface. Avec des brosses plus souples, il est difficile de faire pénétrer la couleur dans la texture de la toile. Sachez aussi que les toiles de meilleure qualité ont la trame la plus serrée.

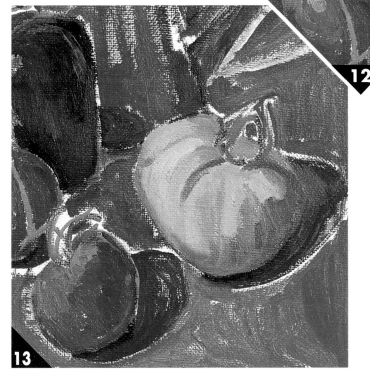

13 Un vert-jaune permet de traduire la partie éclairée de la tomate verte tandis que la partie dans l'ombre reçoit la lumière réfléchie par le fond rouge. Ces effets d'ombre et de lumière permettent de restituer le modelé.

14 Après avoir rehaussé le volume des fruits, nous couvrons les zones les plus foncées de la cafetière avec des carmins additionnés de bleu ou de rouge de cadmium clair et foncé dont les nuances permettent de traduire la forme courbe de l'objet.

UTILISER LES COULEURS RESTANT SUR LA PALETTE

Lorsque la place manque pour réaliser de nouveaux mélanges avec des couleurs coûteuses comme les rouges de cadmium, qu'il vaut mieux ne pas gâcher, on peut gratter la peinture avec le couteau et l'utiliser comme fond sur une toile neuve (comme vous le montre le glacis de la nature morte page 38).

16 Pour faire ressortir la cafetière sur le fond, il est nécessaire d'atténuer ce dernier et de renforcer les nombreux reflets rouges de l'émail.

15 L'ombre violacée de la cafetière, qui paraît un peu trop découpée, est adoucie et enrichie par quelques touches d'orangé.

17 Les reflets rouges et orangés sur la partie inférieure de la tomate verte aident à restituer un volume que nous avons rendu par une touche de jaune sur la partie supérieure gauche.

18 Il est très important de travailler les formes avec soin afin qu'elles ne se confondent pas avec le fond, ce qui suppose une observation attentive pour discerner ce qui les différencie. Le vert des contours et les touches très libres sur le fond n'ont d'autre but que d'ajouter une note vibrante.

UNE NATURE MORTE BLEUE

L' objectif de cet exercice consiste à rechercher une gamme de bleus sur la palette en jouant sur les différences de tonalité et en établissant un contraste grâce à l'orangé, leur couleur complémentaire. Sur une table, nous disposons trois pots de peinture contenant des bleus différents, tandis que deux oranges posées dans une assiette blanche constituent une tache claire et attrayante. L'ensemble est entouré d'un foulard bleu foncé et posé contre un fond gris, sur une nappe d'un bleu très clair avec des rayures orangées.

MATÉRIEL

- Un bloc pour croquis.
- Une toile blanche au format 10 Figure (55 x 46 cm).
- Des couleurs à l'huile : blanc, jaune, orangé, rouge de cadmium, bleu de Sèvres, bleu outremer clair et foncé, bleu de cobalt, vert clair et vert foncé, noir d'ivoire.
- Un fusain.
- Un chiffon.
- Du solvant.
- Des brosses (n°s 0 à 18).

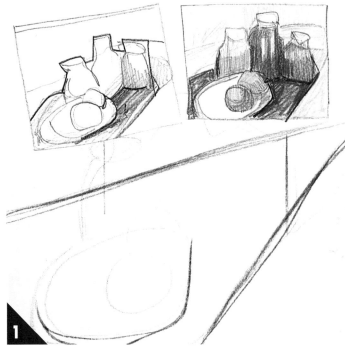

1 Après avoir esquissé la composition sur le papier en ébauchant les zones d'ombre et les différentes nuances de bleu et d'orangé, nous disposons la toile en largeur sur le chevalet et nous délimitons au fusain la zone la plus foncée ainsi que le périmètre de l'assiette dont le blanc va contraster avec l'ensemble.

2 Pour corriger la construction, il suffit de passer un chiffon sec et propre sur les traits de fusain. Le chiffon est au fusain ce que

UNE NATURE MORTE BLEUE

Sans être totalement blanche, l'assiette est la zone la plus claire de tout le tableau. On y trouve de subtiles nuances.

Le couvercle transparent du pot en verre est gris, comme la couleur du fond.

Les reflets violets qui apparaissent sur l'orangé rouge du fruit sont obtenus avec le bleu de cobalt.

Cette zone foncée se trouve à l'intersection des deux lignes encadrant la composition, des lignes compensées par les traits rouges allant dans l'autre sens.

Olivé de Puig

Les orangés et les rouges des fruits s'harmonisent avec les lignes également rouges de la nappe.

Outre les nuances réalisées en ajoutant du rouge ou du vert, les bleus les plus foncés sont obtenus avec du noir, ce qui nous donne des tonalités très intenses.

3 Tous les éléments sont construits au fusain. Pour renforcer la composition, nous avons stylisé les pots et exagéré la forme de l'assiette.

4 Les traits de fusain sont repris avec une brosse fine et des couleurs très diluées.

5 La couleur chaude des lignes rouges et leur entrelacement équilibrent la composition en diagonale.

6 Nous peignons tout d'abord avec du bleu outremer foncé le foulard autour des objets, ainsi qu'une partie du fond gris avec un mélange de bleu, de blanc et de rouge. Les blancs sont donc délimités par recouvrement progressif des grandes surfaces.

7 Les principaux bleus sont ensuite définis par des taches pour l'instant très diluées. Ces taches constituent une base solide sur laquelle nous pourrons travailler les nombreuses et parfois imperceptibles nuances.

8 Nous achevons de couvrir le fond, en haut à droite, et nous peignons les fruits pour obtenir un contraste de complémentaires entre la gamme de bleus et les orangés.

9 Après avoir introduit le bleu-vert de la nappe, un mélange de bleu de cobalt, de vert foncé et de blanc, il ne reste plus qu'a nuancer les blancs.

11 L'artiste dans son atelier. C'est le lieu idéal pour travailler, mais on peut créer un espace aussi intime que celui-ci dans n'importe quel endroit, aussi modeste soit-il, en y disposant un chevalet et en composant une nature morte.

COUVRIR LE BLANC DE LA TOILE

Pour passer une première couche et obtenir des couleurs de base, il faut charger le pinceau d'une peinture très diluée (à l'essence de térébenthine) et en imprégner la toile. Ces couleurs liquides et transparentes sèchent rapidement. Elles permettent de travailler sur des fonds colorés qui feront vibrer les nuances appliquées par-dessus.

10 Les couvercles des pots de peinture sont peints avec des nuances chaudes plus ou moins foncées en fonction des effets d'ombre et de lumière, des blancs additionnés de rouge, de jaune et de bleu.

12 Nous traçons une ligne décrivant la courbe de l'assiette avec un pinceau fin et un mélange de bleu de cobalt et de blanc. Cette nuance contraste avec l'ombre orangée projetée par le fruit.

COMMENT PEINDRE LES OMBRES

La juste distribution de l'ombre et de la lumière est essentielle pour créer l'illusion de la réalité. En mélangeant la couleur propre d'un objet à celle du fond qui l'entoure, nous obtenons une tonalité proche de l'ombre projetée par l'objet. Toutefois, quelles que soient ces deux couleurs (propre et réfléchie), le bleu intervient toujours dans la couleur d'une ombre.

13 Sur l'assiette, les ombres et les reflets sont légèrement nuancés avec des mélanges de blanc additionné d'orangé, de bleu, de rouge, etc.

14 Voici le modèle, le tableau et la palette avec les couleurs utilisées. Comparez les bleus intenses, la couleur de la nappe et le contraste suscité par les oranges.

15 Ces petites touches de bleu clair suggèrent les reflets suscités par la nappe à l'arrière-plan, presque aussi lumineuse que l'assiette.

16 Le tableau est terminé. Nous avons atteint l'objectif recherché : une harmonie de nuances et de tonalités bleutées contrastant avec les orangés et les rouges.

15

Olivé de Puig

PEINDRE AVEC LES PRIMAIRES ET LEURS COMPLÉMENTAIRES

Nous avons composé cette nature morte sur le sol pour bénéficier d'un point de vue élevé. Les objets sont répartis en fonction de leurs couleurs et de leurs formes, c'est-à-dire en alternant les couleurs primaires et leurs complémentaires et en jouant avec les volumes. Le tout est disposé sur des fonds colorés et variés afin d'obtenir une composition intéressante que nous allons étudier maintenant en détail.

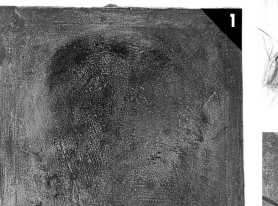

MATÉRIEL

- Un bloc pour croquis.
- Un crayon 4B.
- Des de crayons de couleur.
- Une toile apprêtée carrée (60 x 60 cm) ou à préparer soi-même avec un mélange de colle « Totin » et de craie.
- Des couleurs à l'huile : jaune, orangé, rouge, carmin, bleu, violet et vert.
- Des brosses à tableaux.
- Du solvant.

Le jaune vif du citron placé au centre est rehaussé par les violets qui l'entourent (couleur complémentaire) et équilibré par la masse jaune du fond.

A

Le vert, situé à côté du rouge, sa complémentaire, est compensé par la nappe nuancée de tonalités verdâtres, placée sur la droite.

B
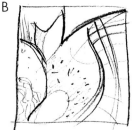

C

D

E

1 Un premier croquis sur le papier permet de définir l'espace occupé par les objets (A). Nous étudions les rythmes et le graphisme suggérés par les fonds (B), avant d'esquisser l'ensemble sur une troisième feuille (C). Ensuite, nous recherchons les couleurs ; c'est ainsi que l'harmonie des nuances et des tonalités nous apparaît plus équilibrée et plus attrayante sur le deuxième essai (E) que sur le premier (D). Quant à la toile, elle a été recouverte au préalable d'un glacis (c'est-à-dire une couche de peinture très diluée) réalisé avec des restes de peinture, appliqués au chiffon.

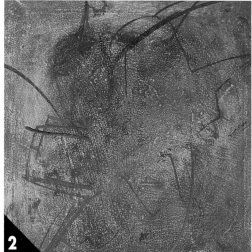

La nappe écrue, sur la gauche, équilibre la tasse jaune située à droite, tandis que le pot bleu s'intègre aux violets, tout en contrastant avec les orangés (couleur complémentaire).

Le rouge du poivron atténue le rouge plus puissant de la cafetière, tout en se rapprochant de la tonalité de l'orange et même de celle du citron. On obtient ainsi un dégradé de couleurs.

2 Le schéma dans lequel s'inscriront les objets est tracé avec un bleu qui joue le rôle de couleur complémentaire.

3 Les différents éléments de la nature morte sont dessinés à l'intérieur de la construction précédente.

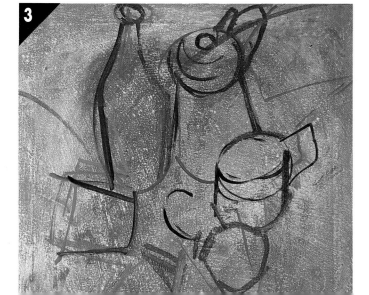

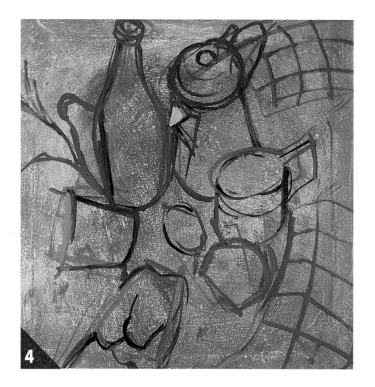

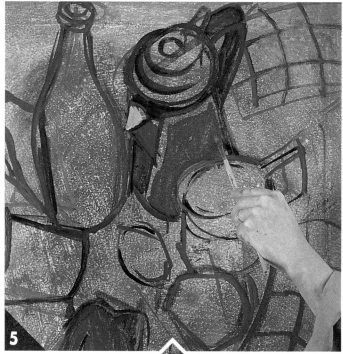

4 La disposition et l'aspect des nappes, avec leurs lignes courbes et leurs carreaux, viennent compléter la composition.

5 Les premiers rouges apparaissent, intentionnellement répartis sur la cafetière et sur le poivron.

6 Le jaune citron du fruit se détache exagérément, mais l'orangé, mélange de rouge et de jaune, harmonise les deux couleurs primaires.

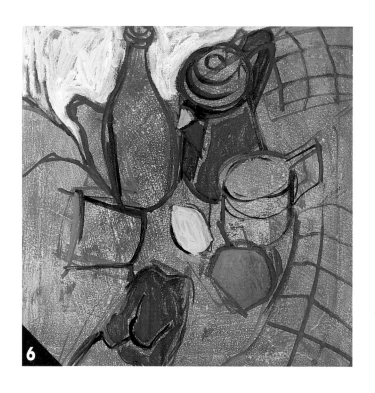

COMMENT UTILISER LES MÉLANGES SUR LA PALETTE

Lorsqu'on a besoin, pour obtenir un effet chromatique, d'une nuance ou d'une tonalité précises, on peut utiliser les mélanges de la palette en leur ajoutant une pointe de blanc, de rouge, de vert, etc., en fonction de l'objectif recherché. Les nuances ainsi obtenues s'ajoutent à notre gamme et s'y harmonisent aisément.

7 La tasse est peinte avec un blanc additionné de jaune. Sur la nappe apparaissent des rayures vertes; deux carreaux sont peints d'un blanc verdâtre (voir photo n° 10). Le bleu du dessin préalable joue un rôle important dans ce jeu des primaires et des complémentaires.

8 Le fond jaune, censé être vu par transparence, fait apparaître le col de la bouteille en un vert clair et lumineux. La partie inférieure de la bouteille est plus foncée sous l'influence d'un fond différent et des objets qui l'entourent.

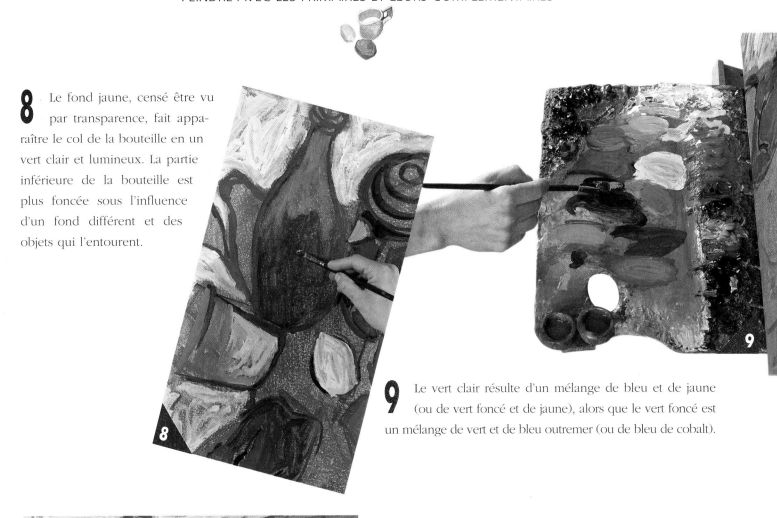

9 Le vert clair résulte d'un mélange de bleu et de jaune (ou de vert foncé et de jaune), alors que le vert foncé est un mélange de vert et de bleu outremer (ou de bleu de cobalt).

10 Les rouges, les jaunes et les bleus alternent avec les orangés, les verts et les violets en suscitant de puissants contrastes.

11 Les blancs entourant la nature morte sont peints dans des nuances chaudes (avec du jaune ou du rouge) ou dans des nuances froides (avec du vert ou du bleu).

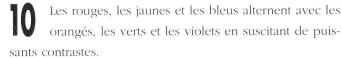

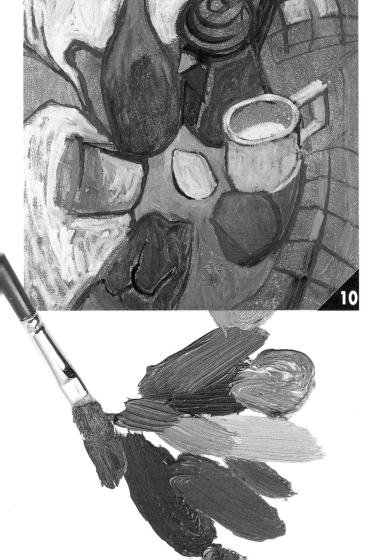

12 Après avoir déposé les principales taches colorées, nous travaillons les nuances de chaque objet, comme ce rose sur la cafetière qui résulte d'un mélange de blanc, de rouge et d'une pointe de bleu.

13 Nous avons ajouté un peu de jaune sur le citron et sur les parties les plus claires du poivron et de l'orange pour restituer le modelé et les reflets.

14 Le graphisme de la nappe de gauche, rehaussé par des taches plus blanches que les précédentes, est compensé par les carreaux de la nappe de droite.

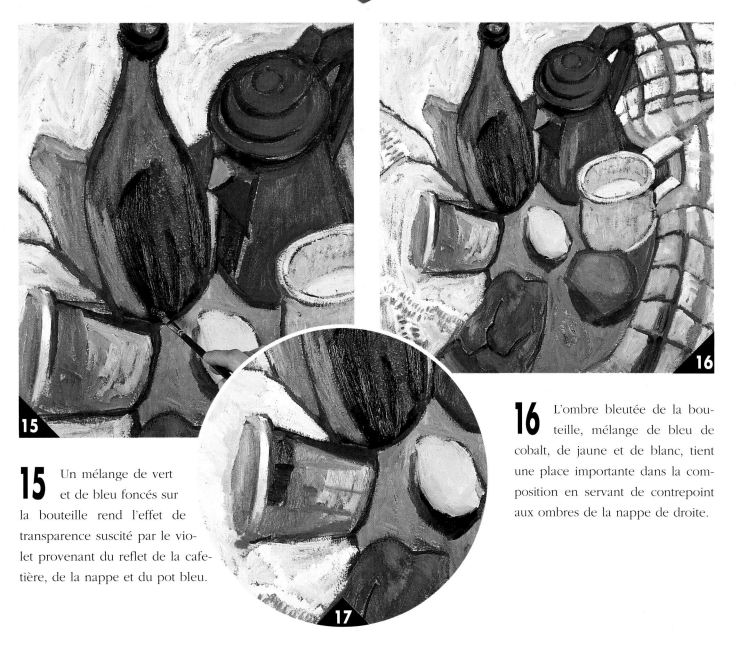

15 Un mélange de vert et de bleu foncés sur la bouteille rend l'effet de transparence suscité par le violet provenant du reflet de la cafetière, de la nappe et du pot bleu.

16 L'ombre bleutée de la bouteille, mélange de bleu de cobalt, de jaune et de blanc, tient une place importante dans la composition en servant de contrepoint aux ombres de la nappe de droite.

17 Le vert très clair apparaissant sur le côté gauche de la bouteille est le reflet de la nappe écrue.

COMMENT OBTENIR DES BLANCS

Les blancs apparaissant sur la nature morte ne doivent pas être interprétés comme des blancs purs. Il faut toujours tenir compte des reflets chauds ou froids suscités par les différents objets. On obtient ces nuances grâce à des mélanges à base de rouge, de jaune, de bleu... ajoutés ensuite au blanc en petite quantité.

18 Quelques taches suffisent à rendre le volume du citron : jaune citron dégradé avec du blanc, vert très pastel, orangé léger et grisé obtenu en mélangeant de l'orangé, du blanc et une pointe de vert.

19 Le blanc bleuté du bec de la cafetière apporte une touche lumineuse qui s'ajoute à cette gamme très variée et s'harmonise avec les blancs des nappes autour de la nature morte. Cette répartition des blancs contribue à l'équilibre chromatique de la composition.

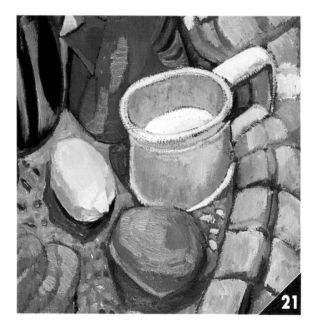

20 Quelques touches d'orangé et de rouge violacé sur la cafetière traduisent le reflet du citron (rouge et jaune) et des violets de la nappe (rouge et bleu).

21 Le contour de la tasse, en bas à gauche, est d'un jaune clair dû à la luminosité du citron. Quelques touches de jaune sur le violet de la nappe résultent du même effet.

22 Le tableau est terminé. C'est un bon exercice de composition, d'équilibre des masses et d'harmonie chromatique. Les primaires et leurs complémentaires se succèdent en constituant un ensemble aux couleurs vibrantes.

PEINDRE AVEC DES BLANCS

À *présent, nous allons réaliser une étude sur diffé-*
rentes nuances de blanc et de gris en apparence
identiques. En plaçant plusieurs objets de même
couleur les uns à côté des autres, on s'aperçoit très vite des
différences de nuances et de valeurs. Pour vérifier cela, nous
allons disposer trois pichets et un vase en céramique blanche
sur une table également blanche, avec un fond beige de
même couleur que la toile sur laquelle nous allons travailler.
L'éclairage va nous aider à différencier les tonalités et les
nuances froides ou chaudes.

MATÉRIEL

• Une toile beige au format 12 Marine (61 x 38 cm), en lin et coton, recouverte d'un apprêt de même couleur.

• Des couleurs à l'huile : blanc, jaune, rouge, ocre, terre de Sienne, rose transparent, terre d'ombre brûlée, ainsi que différents bleus et verts.

• Des pinceaux en soies de porc n°s 0 à 14.

• Un crayon graphite 4B.

• Du solvant.

• Des godets.

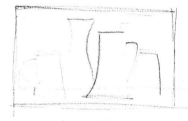

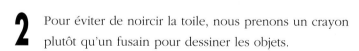

1 Les croquis préalables ont pour l'objectif de déterminer si les objets de notre composition doivent être vus en entier ou coupés à la base. Nous en profitons aussi pour effectuer une première étude des valeurs.

2 Pour éviter de noircir la toile, nous prenons un crayon plutôt qu'un fusain pour dessiner les objets.

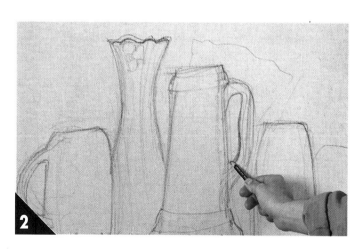

3 Le contour des formes est repris avec une couleur terre qui s'accorde avec le fond.

Le fond beige de la toile s'harmonise parfaitement avec les différentes nuances de blanc.

Le jaune très clair du vase se différencie sans difficulté des autres blancs.

Les bleu-vert du grand pichet suggèrent un blanc qui n'apparaît pas sur les autres formes.

L'ombre de couleur terre s'intègre très bien à la couleur de la toile.

Ces bleus sont compensés par les anses également bleutées des deux pichets de droite. Ainsi associées, ces diverses nuances froides rehaussent les tonalités chaudes de l'ensemble de la composition.

Ce reflet rosé dû aux effets de lumière communique à l'ensemble une note chaude.

4 L'ombre du grand pichet est peinte dans un brun transparent très dilué qui reste dans la gamme de couleurs terre suggérée par la toile.

5 Nous commençons par couvrir de blanc le pichet de gauche afin d'obtenir une couleur de base et d'étudier l'effet produit.

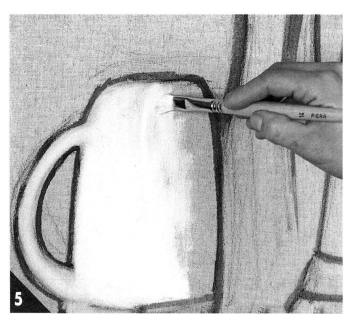

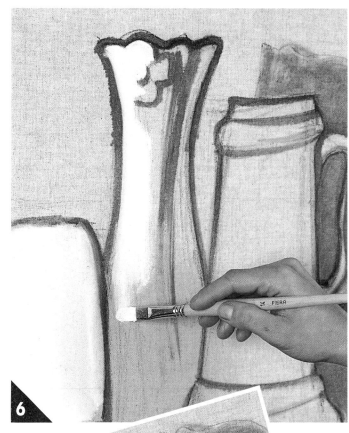

6 Nous procédons de même pour le vase, mais en ajoutant une pointe de jaune pour se rapprocher de la différence de nuance observée entre ces deux objets.

7 Bien qu'il soit tout aussi blanc que les autres, ce pichet est doté d'une anse présentant des reflets bleutés.

8 Voici les différents blancs de base. Tantôt froids, tantôt chauds, ils offrent des tonalités tirant vers le bleu, le jaune ou le rose.

9 L'ombre ajoutée au vase, composée d'un mélange de blanc, de bleu, de rouge et de jaune, traduit la position en avant du pichet de gauche.

10 Le gris chaud du pichet de droite, à base de blanc additionné de jaune, de rouge et d'une pointe de bleu, en suggère le volume.

11 Cette zone lumineuse très importante est rehaussée par du blanc pur.

COMMENT DIFFÉRENCIER LES BLANCS

Si nous plaçons du blanc sortant du tube à côté de blancs auxquels on a ajouté une pointe de couleur, nous constatons que ces derniers sont d'un gris à peine perceptible, plus ou moins chaud ou froid selon que l'on a mélangé du jaune, du rouge, du vert, etc. Une nature morte blanche est un excellent moyen d'analyser les couleurs qui entrent dans la composition des objets blancs.

12 Les blancs qui viennent d'être appliqués apparaissent maintenant plus gris lorsqu'on les compare au blanc de la palette. Il a suffi d'un mélange infime avec une autre couleur pour qu'ils se grisent légèrement.

13 Observez que le vase est plus foncé du côté droit sous l'effet des gris, des verts et des carmins. D'une tonalité plus intense, les ombres du fond mettent les objets en relief.

14 Nous restituons peu à peu les volumes en ajoutant, par exemple, une ombre foncée obtenue par un mélange de blanc, de rouge, de bleu et de jaune, pour rehausser le côté non éclairé du grand pichet.

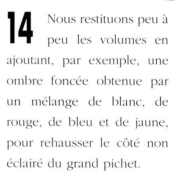

COMMENT OBTENIR DES GRIS

Il ne faut jamais employer le noir pour obtenir des gris foncés. Le jaune, le rouge et le bleu, additionnés au blanc dans des proportions variables, donnent des gris colorés que l'on peut nuancer en ajoutant du vert ou des couleurs terre. Pour les tons clairs, il suffit de mettre davantage de blanc. Il est possible d'obtenir des gris, chauds ou froids, à partir des trois couleurs primaires.

15 Le graphisme réalisé avec du blanc sur l'anse du grand pichet ainsi que les ombres adoucies obtenues avec beaucoup de diluant enrichissent le tableau.

16 Nous avons terminé cette étude chromatique basée sur différentes gammes de blancs. À la simplicité des éléments choisis et à celle de la composition en général s'ajoute le fait que les formes s'intègrent au fond grâce à de subtils changements de nuances légères et transparentes. Un léger glacis couleur terre entoure les objets en préservant l'aspect de la toile. C'est un exercice en apparence simple, mais dont le résultat est riche d'enseignements.

UNE NATURE MORTE EN NOIR ET BLANC

À *présent, nous allons effectuer une étude de composition en noir et blanc. Ces couleurs si opposées vont se présenter sous la forme de deux grandes masses, l'une claire, l'autre foncée, dotées chacune de leur nuance respective. Sur une nappe noire posée sur un fond blanc, nous avons placé une assiette et un pichet en céramique blanche pour composer un thème simple mais contrasté. L'objectif consiste à se passer d'objets de couleur, puisque nous en avons déjà étudié, pour aller à la recherche de toutes les possibilités chromatiques offertes par le blanc et le noir.*

MATÉRIEL

- Une toile à gros grain montée sur un châssis carré de 46 x 46 cm et apprêtée à la colle de peau et à la craie.
- Un fusain.
- Un chiffon.
- Des couleurs : blanc, jaune, rouge, ocre, bleu, vert et noir.
- Du solvant.
- Des godets.
- Des brosses à tableau nᵒˢ 0 à 16.

Le fond verdâtre remplace le blanc dans la composition, mais il n'est pas aussi lumineux que l'assiette.

Vue presque de face, l'assiette joue un rôle très important dans cette composition quasi abstraite.

Différents noirs, grisés avec du bleu, du vert, du rouge, de l'ocre et un peu de blanc, décrivent et nuancent les zones éclairées de la surface noire.

1 Il est important de commencer par définir la position du blanc et du noir à l'intérieur d'un carré, puisque c'est le format choisi pour cette composition. Pour que le tableau soit équilibré, la masse blanche doit occuper le même espace que la masse noire.

2 Le fusain nous a permis de griser la zone occupée par la nappe noire. Vous noterez que l'assiette est délimitée par un cercle et que le bas du pichet est coupé. Nous avons juxtaposé les blancs et les noirs et obtenu un parfait équilibre des formes et des masses colorées.

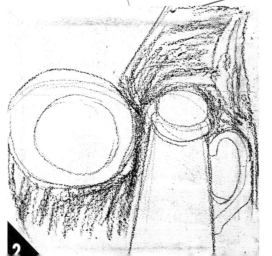

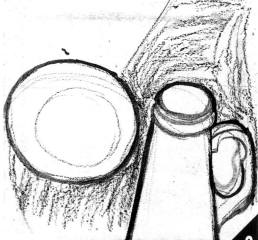

Le pichet, volontairement coupé à la base, ajoute une note colorée à l'ensemble du tableau grâce à une gamme de bleus, de violets, de verts et de tons chauds sur la droite.

Les effets de lumière dus à l'éclairage se traduisent par des nuances jaunes et roses.

3 Les contours des objets sont soulignés par un trait de peinture noire très diluée.

4 La nappe noire est peinte en totalité afin d'avoir un effet d'ensemble de la composition.

5 Nous avons traduit les différentes intensités de noir tout en laissant respirer la toile. Le mur du fond, qui fait partie des masses claires, est recouvert d'une nuance verdâtre.

6 L'ombre verdâtre recouvrant partiellement l'intérieur du pichet résulte d'un mélange de blanc, de bleu et d'ocre, encore que cette dernière couleur est presque absente de la zone la plus bleutée.

7 Une première couche de gris, mélange de jaune, de rouge, de bleu et de blanc, nous permet de peindre la zone circulaire plus foncée bordant le fond de l'assiette.

8 Les blancs de l'assiette et du pichet se traduisent peù à peu par des nuances pastel, par des bleus et des violets pour les zones les moins éclairées et par un peu de jaune pour les reflets.

9 La gamme de gris foncés s'accroît de nuances à base de bleu et de carmin sur le pichet et sur la nappe noire dans sa zone éclairée. Nous obtenons ainsi une plus grande luminosité, tout en enrichissant la gamme chromatique des deux objets qui composent cette nature morte.

UTILISATION DU NOIR

Le noir permet d'obtenir des gris colorés très foncés. On a ainsi un noir tirant vers le jaune en ajoutant de l'ocre ou du jaune, un noir rougeâtre avec du rouge, de l'orangé ou du carmin, etc. Si on observe attentivement le noir sur un objet, on s'aperçoit que cette couleur n'est jamais pure, elle est toujours nuancée.

10 Observez les différentes nuances de blanc obtenues. La partie la plus éclairée de l'assiette est d'un blanc additionné d'une pointe de jaune. Pour mieux distinguer cette zone du fond de l'assiette, nous avons conservé le liséré gris-bleu dessiné auparavant.

11 Les blancs deviennent plus foncés tandis que le noir s'éclaircit. Les aplats vont ainsi disparaître au profit des volumes.

12 De nouvelles nuances de blanc additionné de rouge, de jaune, de vert ou de bleu, en fonction de la luminosité de l'assiette, permettent de restituer son volume.

13 Cette zone riche en nuances nous montre un blanc pur là où la lumière tombe directement, un blanc plus jaune et rose lorsqu'elle est indirecte et des tonalités bleutées et violacées pour les zones d'ombre.

14 Nous reprenons la nappe d'une manière ordonnée pour en faire ressortir les plis en ajoutant au noir un peu de bleu, de carmin et de blanc.

15 Le travail terminé, il est intéressant de constater qu'en regardant un objet d'une couleur précise, on aperçoit une gamme chromatique d'une grande richesse, comme c'est le cas ici avec les blancs et les noirs. Il suffit d'un peu d'attention pour distinguer un blanc bleuté d'un blanc jaune ou verdâtre, un noir brillant aux reflets verts ou

UNE NATURE MORTE AVEC TOUTES LES COULEURS

*P*our ce dernier exercice, nous allons travailler avec toutes les couleurs utilisées jusqu'ici en vous montrant comment mettre à profit une toile déja peinte. Pour cela, nous avons réalisé une composition à base de rythmes et de mouvements suscités par quelques feuilles vertes, leurs ombres, un bocal en verre transparent, une nappe rouge repliée, des fruits, un pichet décoré et un napperon découpé dans un bristol de couleur lilas; le tout se détachant sur un fond noir et blanc. Nous allons jouer avec les couleurs et peindre avec spontanéité.

MATÉRIEL

• Un bloc pour croquis.

• Une toile en coton au format 20 Figure (73 x 60 cm), apprêtée à la colle de peau et ayant déjà été peinte.

• Des couleurs : blanc, noir, jaune, rouge et bleu.

• Des brosses n°s 0 à 18.

• Du solvant.

• Un fusain.

Des verts rougeâtres, bleutés et lumineux décrivent le mouvement et la position de chaque feuille sur la nature morte, ce qui permet d'obtenir un ensemble de délicates nuances situées dans une zone aux tonalités douces et peu lumineuses.

Le pichet blanc et son ombre d'un noir intense projetée sur le napperon lilas semblent sautiller près du citron et de l'orange. Les déformations que nous lui avons fait subir le rendent plus animé.

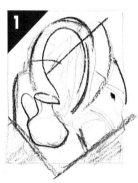

1 Les divers rythmes suggérés par les objets sont étudiés au préalable sur le papier, ainsi que les relations entre les formes et le clair-obscur, ce qui va faciliter notre travail de construction sur la toile.

2 Nous utilisons une toile déja peinte que nous ne souhaitons pas conserver. Après avoir esquissé les divers mouvements au fusain, nous reprenons les traits avec un pinceau fin et du noir dilué.

Les feuilles richement nuancées et leurs ombres donnent rythme et mouvement à la composition.

Tout en s'intégrant avec les feuilles, quelques touches de carmin suscitent une sensation d'obscurité sur cette zone de la nappe rouge vif.

Des plis simplifiés et anguleux forment une abstraction à base de différents rouges de cadmium.

La direction donnée aux touches de nuances chaudes, apportant de la luminosité au noir, leur fait prendre part à ce ballet coloré.

3 Comme nous voulons recouvrir au plus tôt la peinture précédente, nous commençons par peindre le napperon lilas avec un mélange de carmin, de bleu de cobalt et de blanc d'un côté, auquel nous ajoutons

4 Les blancs du pichet sont nécessaires pour recouvrir les verts de la peinture précédente, qui ne nous sont d'aucune utilité ici. Les motifs bleutés du décor contribuent à restituer la forme et le volume de l'objet.

TRAVAILLER SUR UNE TOILE DÉJÀ PEINTE

Il est évident que le fait de travailler sur une toile déja peinte peut perturber l'exécution d'une nouvelle œuvre. C'est pourquoi il est souvent préférable de recouvrir au préalable la toile d'une peinture très diluée d'une teinte uniforme. On peut également réutiliser les couleurs du permier tableau qui s'intègrent à notre composition.

5 Les différents rouges de la nappe (rouges de cadmium clair moyen et foncé, additionnés de carmin, de terre, d'orangé et de bleu) sont peints rapidement, en simplifiant les plis, pour couvrir le fond.

6 Nous laissons respirer les verts du tableau précédent là où se situeront les feuilles car ils nous serviront de cou-

7 Observez les feuilles : nous avons ajouté du vert foncé pour les ombres et conservé par endroits le vert précédent ; en revanche, nous l'avons entièrement recouvert ailleurs pour obtenir notre propre couleur de fond.

8 La surface sur laquelle reposent les objets est entièrement recouverte d'un noir nuancé de bleu et de rouge, excepté les rares endroits où nous laissons respirer le vert du fond.

9 Le fond apparaît d'une tonalité plus foncée lorsqu'il est vu en transparence à travers le bocal d'un vert bleuté.

10 Le citron et l'orange conservent en partie le vert précédent qui, une fois nuancé, traduira les ombres. On obtient souvent d'excellents résultats en jouant ainsi sur les couleurs antérieures.

11 Quelques touches plus claires sur le fond noir, à gauche, traduisent la lumière arrivant de ce côté.

COMMENT SE REPOSER APRÈS UN EFFORT DE CONCENTRATION

Le plus souvent, on travaille debout, mais après un exercice aussi excitant et enlevé que celui-ci, il faut savoir se détendre sans pour autant s'arrêter de peindre. On travaille alors assis, plus posément, et l'on met à profit ce moment pour parfaire quelques petits détails, ajouter quelques dernières nuances.

12 Notre dernière nature morte est terminée. Nous l'avons élaborée dans une explosion de couleurs vives qui associe le rythme et le mouvement aux effets d'ombre et de lumière; c'est un résumé de tout ce que nous avons abordé dans ce livre.

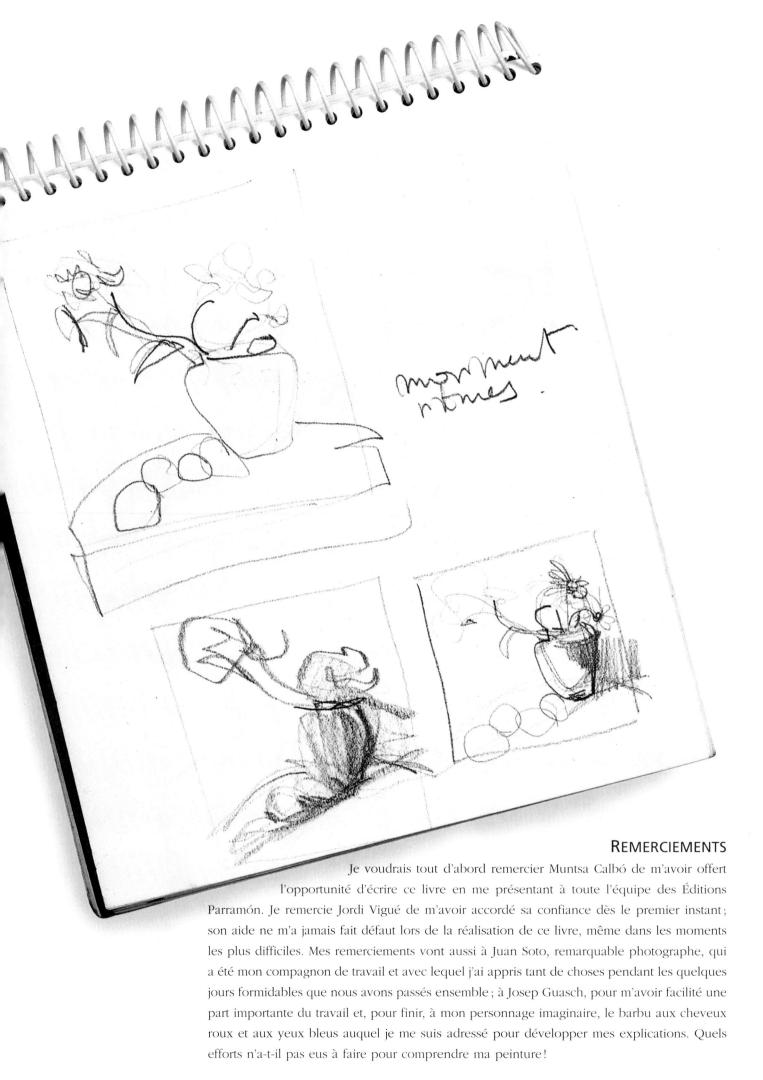

REMERCIEMENTS

Je voudrais tout d'abord remercier Muntsa Calbó de m'avoir offert l'opportunité d'écrire ce livre en me présentant à toute l'équipe des Éditions Parramón. Je remercie Jordi Vigué de m'avoir accordé sa confiance dès le premier instant ; son aide ne m'a jamais fait défaut lors de la réalisation de ce livre, même dans les moments les plus difficiles. Mes remerciements vont aussi à Juan Soto, remarquable photographe, qui a été mon compagnon de travail et avec lequel j'ai appris tant de choses pendant les quelques jours formidables que nous avons passés ensemble ; à Josep Guasch, pour m'avoir facilité une part importante du travail et, pour finir, à mon personnage imaginaire, le barbu aux cheveux roux et aux yeux bleus auquel je me suis adressé pour développer mes explications. Quels efforts n'a-t-il pas eus à faire pour comprendre ma peinture !